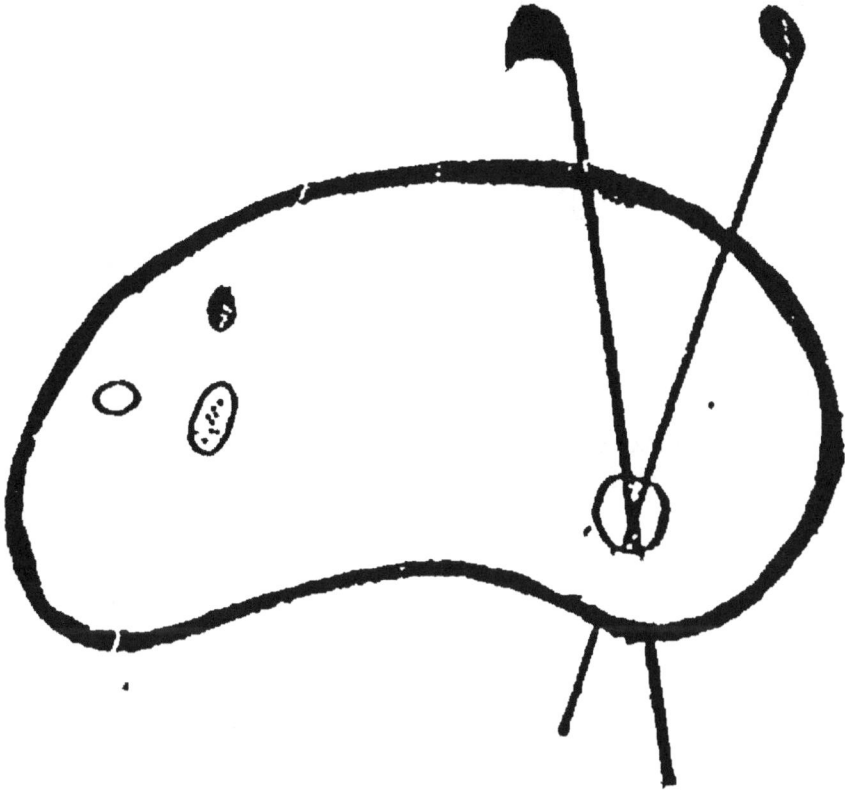

DEBUT D'UNE SERIE DE DOCUMENTS
EN COULEUR

DE LA

TRANSFORMATION DE L'IMPOT

L'UNITAXE

IMPOT

sur le Capital et sur les Éléments constitutifs des Bénéfices et du Revenu

Dans l'unitaxe, ce qui est réalisable en argent ou en profit, produit l'impôt.
Dans le système financier actuel, ce qui est indispensable aux besoins de la vie est frappé de la taxe : consommation, locomotion, l'air que l'on respire, le sol que l'on foule, la maison que l'on habite, transactions, mutations succès tous tout est mis à l'impôt.

SAINT-QUENTIN

Imprimerie Ch. POETTE, rue Croix-Belle-Porte, 19.

1877

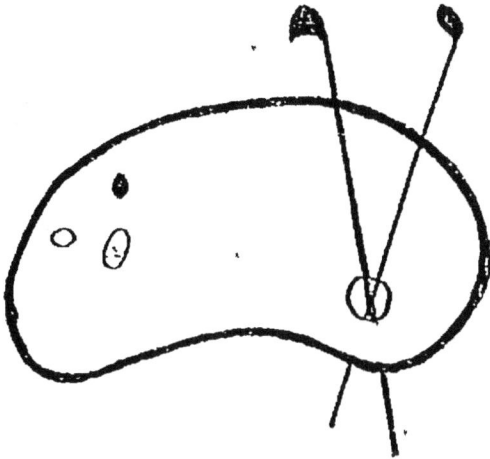

FIN D'UNE SÉRIE DE DOCUMENTS
EN COULEUR

L'UNITAXE

DE LA

TRANSFORMATION DE L'IMPOT

L'UNITAXE

IMPOT

sur le Capital et sur les Éléments constitutifs
des Bénéfices et du Revenu

Dans l'unitaxe, ce qui est réalisable en argent ou en profit, produit l'impôt.

Dans le système financier actuel, ce qui est indispensable aux besoins de la vie est frappé de la taxe : consommation, locomotion, l'air que l'on respire, le sol que l'on foule, la maison que l'on habite, transactions, mutations, successions, tout est matière à impôt.

SAINT-QUENTIN

Imprimerie Ch. POETTE, rue Croix-Belle-Porte, 19.

1877

DE LA TRANSFORMATOIN DE L'IMPOT

L'UNITAXE

IMPOT

sur le Capital et sur les Éléments constitutifs
des Bénéfices et du Revenu

EXPOSÉ DE L'UNITAXE

L'Unitaxe a pour but de simplifier, d'unifier l'impôt, de lui ôter son caractère vexatoire, de dégager le redevable des formalités sans nombre qu'il ignore le plus souvent, ce qui l'expose à des contraventions dont il n'a pu prévoir les effets répressifs ; de lui rendre ses obligations faciles et claires, et de lui permettre de les contrôler lui-même.

Mais la réforme économique que nous exposons n'est pas la seule que nous ayons en vue, nous avons voulu viser la réforme administrative.

Si le système de l'Unitaxe trouvait grâce devant la routine ; si l'on voulait bien, sans prévention, ni appréhension, le suivre dans la voie nouvelle qu'il ouvre au régime fiscal, on verrait ceci : qu'il suffit que les administrations financières, — notamment celle de l'Enregistrement et des Domaines — entrent dans un remaniement complet de leurs réglements et se dégagent du dédale des tarifs arbitraires pour les unes, et soumis à des apprécia-tions divergentes ; fixes, pour d'autres, et d'une insuffisance notoire ou d'une rigueur excessive.

On nous reprochera de prendre pour base de l'Unitaxe des chiffres supposés, de procéder par hypothèses.

Etant donnés des termes définis, trouver l'incon-nu, — là est le problème.

On verra avec quel ménagement nous proposons d'appliquer notre système, de quelles mesures con-servatrices nous l'entourons. Nous ne demandons qu'une chose : c'est que l'on veuille bien supputer les compensations qu'il entraînerait par rapport aux charges actuelles.

Ces compensations se résument dans une propor-tion bien simple posée et résolue au cours de ce projet — à l'avantage des contribuables.

Dès le commencement de l'année 1872, alors que la France était haletante sous le poids de ses revers et devait se saigner aux quatre veines pour payer sa dette de guerre, j'émettais l'idée d'un impôt national qui eût trouvé son assiette dans le capital acquis, et nous eût donné les moyens de supprimer les taxes impopulaires que l'on venait de créer, de réduire même les impôts anciens. Je suis encore convaincu, à l'heure qu'il est, que cette dîme patriotique dont j'indiquais les bases eût produit un effet moral tel que nous eussions paru plus grands après la défaite que nos vainqueurs eux-mêmes dont la gloire s'exalte si bruyamment.

Je reprends mon idée que je crois féconde et je l'applique à un système défini et pratique.

Deux impôts distincts sont en présence : l'impôt sur le Capital et l'impôt sur le Revenu.

De nombreuses lances ont été rompues pour et contre ces deux systèmes.

Chacun veut faire prévaloir son opinion, de là un conflit sans issue.

Mon avis est que l'on doit se détacher de toute idée préconçue et prendre le mode de l'impôt là où il se présente sous une forme pratique.

Je dégage d'abord les mots *Capital* et *Revenu* de la discussion et à mon idée économique, j'applique une expression nouvelle :

L'UNITAXE

Je l'avoue, la base de l'Unitaxe sera principalement le capital, mais, comme cette assise se complète, dans une certaine mesure, des éléments constitutifs des bénéfices et du revenu, peut-être me sera-t-il donné de rallier les opinions diverses en cette matière délicate.

Que nous faut-il, en fait d'impôts ? le moins de gêne, le moins de rouages possibles.

Qu'avons-nous aujourd'hui ? des complications de détail sans nombre.

Ne nous attardons pas à des demi-mesures. Entrons résolûment dans la voie d'une réforme sans secousse, sans inquisition, à l'amiable, en quelque sorte, soit l'impôt unique : **l'unitaxe** qui n'aura d'autre règle que le contrôle que chacun peut faire de son bien propre.

Et, de ce système découlera *la suppression de tous les impôts de consommation* et la réduction des autres contributions à une taxe tellement minime que je la suppose *exclusivement rémunératrice des frais de régie.*

Dans cet ordre d'idées, on est frappé des conséquences économiques qu'entraînerait l'unitaxe.

Ainsi, le monopole des tabacs, la taxe des lettres et tant d'autres droits qui, chaque jour, s'imposent aux contribuables, pourraient disparaître.

Mais il faut faire la part des susceptibilités financières et ménager les esprits hésitants.

J'ai tenu compte des observations d'un de nos éminents députés, partisan du progrès, très fort en finances, mais effrayé du radicalisme de la réforme proposée.

Une idée féconde se développe d'elle-même; elle suit tôt ou tard sa voie, quelqu'obstacle qu'on lui oppose.

Ce qui a manqué, selon moi, aux économistes qui ont émis divers systèmes d'impôt, soit sur le capital, soit sur le revenu, c'est un mode d'application bien défini que l'on puisse suivre sans retard et surtout sans crise financière, je dirai plus, sans toucher aux rouages administratifs existants, en ce qu'ils ont de rationnel et d'utile.

Si je veux construire un édifice et que j'aie des matériaux propres à bâtir, qu'ils proviennent ou non d'une maison démolie, je ne manquerai pas de les utiliser.

J'ai vu, dans plusieurs ouvrages traitant de questions économiques, d'excellentes idées : (je cite particulièrement M. Menier, l'éminent capitaliste, au point de vue de l'impôt.) J'ai lu les mémoires présentés à l'Assemblée nationale et nombre de projets fort ingénieux. Mais à ces projets je ne vois pas un ensemble de rouages susceptibles de fonctionner. On m'a reproché de me servir des vieux errements. On veut du neuf tout d'une pièce. Eh bien, je crois que ce moyen difficile, d'ailleurs, à imaginer, est défectueux et retarde les combinaisons auxquelles chacun aspire et qui tendraient à réaliser cet impôt unique, seule base fiscale de l'avenir, que, d'après moi, nous pouvons immédiatement édifier.

Donc, je ne touche pas au monopole des tabacs.

Je laisse subsister l'Administration de l'Enregistrement et des Domaines. Chaque agent de cette Administration a ses fonctions définies et essentielles. Je la considère comme une garantie des transactions. (1) Les droits, dans tous les cas, devraient être réduits au minimum d'un tarif appliqué *ad hoc* et n'ayant aucun rapport avec les quotités exorbitantes exigées aujourd'hui.

Rien à modifier ni aux hypothèques, ni au timbre. En résumé, si ce n'est une révision de taxe que fixeraient des règlements administratifs, nulle perturbation dans la marche ordinaire du régime fiscal.

Les contributions directes deviendraient la clé de voûte de l'impôt.

N'étant plus productives, attendu la suppression des impôts foncier, mobilier, portes et fenêtres, etc., elles formeraient l'élément de l'unitaxe par ses données statistiques. Les Receveurs de l'Enregistrement, ainsi que l'a dit M. Menier dans une séance de la Commission du budget (avril 1876) pourraient apporter dans les Assemblées de répartition d'utiles renseignements puisés aux textes mêmes des baux.

Les patentes seraient maintenues, mais réduites à de simples déclarations détachées d'un registre à souche revêtu d'un timbre, délivrées sans frais, mais obligatoires, pour former l'assiette de l'impôt

---

(1) Le droit d'enregistrement remonte à François Ier. Il portait le nom d'*insinuation*. Son but primitif était de constater l'authenticité des transactions.

Impôt par Em. Girardin, page 71.

annexe dont j'indiquerai plus loin le fonctionnement.

La cote personnelle, seul moyen de suivre la trace de chacun, conséquence, du reste, du suffrage universel, serait aussi conservée.

Ainsi, rien de changé dans le travail des Contrôleurs, ni dans celui des Répartiteurs.

L'Administration des Postes conserverait ses attributions ; la taxe seule serait réduite au plus bas chiffre, sauf en ce qui concerne les valeurs déclarées dont le Trésor est responsable dans une moyenne fixée.

Les télégraphes subiraient une très-sensible diminution de tarif.

Inutile de parler des autres Administrations : Ponts-et-Chaussées, Forêts, etc., dont le budget se solde plutôt en dépense qu'en recette.

On le voit, les Contributions Indirectes seraient particulièrement atteintes et un certain nombre de taxes dites directes.

Nul ne peut songer à rendre victimes de la réforme des agents auxquels incombent toutes les difficultés d'un service ardu, incessant, souvent peu apprécié.

Il est, en toutes choses, un nivellement et des compensations qu'impose la plus stricte équité.

Les Perceptions, les Recettes à créer, les fonds de subvention attribués largement, les retraites proportionnelles et finalement la fusion des Administrations, rien ne manquerait à l'État pour assurer à la classe intéressante des fonctionnaires qui le sert avec dévouement et fidélité, les compensations qu'elle mérite.

Le principe étant admis en statistique, que la richesse publique de la France s'élève environ à 200 milliards. Si l'on prend 1 p. % sur 100 milliards représentant la richesse fiduciaire de la France, c'est-à-dire en papiers : valeurs de toutes sortes ; et 50 c. p. % sur 100 milliards pour la fortune territoriale, la propriété bâtie, le matériel, le mobilier, les objets d'art, etc., ces chiffres n'ont rien d'exagéré (1) on voit que l'impôt rapporterait environ un milliard 500 millions.

En ajoutant les recettes des Douanes, celles des Forêts, des Domaines et le produit de la taxe peu onéreuse prise à la source des bénéfices et du revenu ; les tabacs, les poudres, etc., notre budget de recette atteindrait bientôt un chiffre plus que suffisant à nos besoins. Dans ce cas, l'Etat n'aurait qu'à abaisser la quotité p. % formant la base de l'impôt.

Mais, pour arriver à ce résultat, vous imposez la rente, me dit-on, et vous mettez la perturbation dans les finances, vous éloignez l'épargne, vous chassez les capitaux de France.

Crainte puérile ! La Rente française sera toujours recherchée. Il est bien peu de gens qui placent exclusivement leurs fonds à l'étranger ; au plus, y ont-ils une réserve. Et, d'ailleurs, le législateur ne pourrait-il, ainsi qu'il était proposé dans le projet de MM. Philippoteau, Chanzy et autres membres

(1) Discours de M. Wolowski (séance du 22 décembre 1871).

Menier. Impôt sur le capital, page 171.

Proposition de loi de M. Laroche-Joubert. Annexe n° 327, *Journal Officiel* du 13 août 1876. M. Laroche-Joubert évalue la fortune publique à 500 milliards.

de l'Assemblée nationale, à la séance du 18 mars
1872, art. 4 de la loi projetée, exiger la déclaration
des valeurs étrangères dont les intérêts ne sont pas
payés en France.

Le Français tient au sol; il ne se déplace guère
et quoiqu'il arrive, il aime mieux voir chez lui sa
fortune que de la savoir en voyage.

En tout cas, si quelque panique se produisait,
elle ne serait pas de longue durée. Et, d'ailleurs,
sans avoir le bénéfice du système que j'expose, il
est facile de voir que l'on tend de plus en plus à
frapper les actions et valeurs de tous genres et que
la rente est sérieusement menacée. Notons, pour
préciser, que ce n'est pas la rente mais bien le
capital de la rente qui supporterait la taxe (1).

A ce compte, objecteront les impatients: le
moyen étant donné de suppléer par une taxe unique
à tout autre mode d'impôt, pourquoi ne pas opé-
rer une révolution complète plutôt que de procéder
à la réforme par un acheminement progressif?

L'Assemblée nationale est seule juge et compé-
tente dans la question, je me contente, moi, de pro-
poser un moyen terme et je dis: les cadres restant
constitués pour les diverses branches des administrations financières, admettons que l'essai de
répartition de la fortune publique ne donne pas la
somme que l'on est fondé à en attendre, la marche
administrative reprendrait son cours sans le
moindre trouble, d'un jour à l'autre, pour ainsi
dire.

(1) M. Wolowski proposait de la frapper de l'income-tax dans sa
discussion de l'impôt sur le revenu.

D'autre part, pour que les impôts de consommation soient bien définitivement supprimés, toujours
dans là même hypothèse de l'insuffisance de l'unitaxe, rien ne s'opposerait à la reprise des perceptions en matière d'enregistrement et d'autres droits
indirects.

Les cadres, en définitive, seraient toujours une
ressource aléatoire. Je signale cette alternative qui
ne se produirait pas, j'en ai l'intime conviction,
mais il est bon de rassurer les esprits méthodiques
qui jugeraient sans doute qu'il faut agir avec la plus
grande circonspection en pareille matière.

J'ai hâte d'entrer dans le résumé technique de
mon système.

PREMIÈRE PARTIE

IMPOT SUR LE CAPITAL

QUOTITÉ 1 p. O/o

Dans l'unitaxe, ce qui est réalisable en argent ou en profit; produit l'impôt.

Dans le système financier actuel, ce qui est indispensable aux besoins de la vie est frappé de la taxe : consommation, locomotion; l'air que l'on respire, le sol que l'on foule, la maison que l'on habite, transactions, mutations, successions, tout est matière à impôt.

Valeurs de toutes espèces

RICHESSE FIDUCIAIRE DE LA FRANCE

Valeurs de Bourse nominatives ou au porteur

Un tableau des valeurs cotées, annexé au présent projet, serait rempli sur les indications de l'imposé.

Ce tableau présenterait la nomenclature des valeurs telle qu'elle est disposée dans le cadre de la Bourse reproduit aux journaux; ci-après le spécimen

VALEURS diverses	N.os des TITRES	N.os de SÉRIE	MONTANT de la rente ou des valeurs	TOTAL	COURS de la Rente	VALEUR représentative
Valeurs nominatives							
3 p.º/º dº	64595 64596	3 3	250 100	350	56.50	6590.00
Valeurs au porteur						
Suez dº d'	55736 55737 55738	3 3 3	» : :	» : :	297.50	892.50

Le total du bordereau des valeurs diverses étant porté au rôle du contribuable, le seul contrôle à exercer serait, pour les receveurs particuliers et les percepteurs, de s'assurer si l'impôt a été acquitté sur ces titres particuliers de propriété.

Les arrérages, rentes ou dividendes de toutes espèces ne seraient payés que sur le vu d'un extrait du rôle portant l'acquit du percepteur.

On verra plus loin que si le mode du bordereau n'était pas adopté, il est un moyen plus pratique encore d'imposer les valeurs.

Le gouvernement, d'accord avec la commission financière siégeant à cet effet, fixerait le cours moyen des valeurs suivant le taux qu'il jugerait applicable à l'exercice en recouvrement.

Pour obvier aux difficultés qu'entraînerait, dans la formation et la clôture des rôles, la vente des titres et propriétés effectuée entre la déclaration de l'assujetti et l'application de l'impôt, le contribuable serait averti qu'à partir du jour de sa déclaration, il deviendrait passible de l'impôt sur les biens et valeurs inscrits au rôle, sauf à lui à prendre ses dispositions pour exercer la répétition que de droit, à titre particulier, contre ses acheteurs.

Ces derniers, pour pouvoir toucher dans les banques et dans les recettes des finances les dividendes ou intérêts des valeurs dont ils deviendraient possesseurs, seraient pourvus, par les soins du vendeur, d'un coupon du percepteur comptable portant mention de la recette de l'impôt effectuée sur lesdites valeurs, lequel coupon devrait être représenté en même temps que les titres. Après quoi, ces titres pourraient passer de main en main sans autre formalité.

Il y aurait encore le mode de l'estampille de recette appliquée sur les titres et coupons, ce qui éviterait à l'imposé l'obligation de représenter sa feuille de contribution. Cela ne serait plus qu'une affaire de réglementation.

Valeurs non cotées.

A l'égard des valeurs non cotées, le législateur jugerait sans doute que des dispositions particulières devraient être adoptées.

La simple déclaration du possesseur de ces valeurs entraînerait, à mon sens, certaines difficultés d'application. Le plus simple, je crois, serait de les atteindre au siége même des sociétés où elles ont été créées. (Je parle pour celles ayant une origine française).

De cette façon, la répartition de la somme affectée à l'impôt ferait l'objet d'un décompte à régler entre les actionnaires et porteurs de valeurs, décompte qui incomberait au travail particulier des

2

Compagnies, mises en rapport avec le comptable de l'Etat.

Quelques partisans de l'impôt ont dit qu'il serait plus simple et plus pratique de prendre les valeurs, sans distinction, cotées ou non cotées, exclusivement au siége de leur émission.

Je n'ai aucune objection à élever contre ce système que j'adopte pour les titres non cotés. L'idée étant émise, qu'importe le mode si le but est atteint !

Ce moyen est indiqué par M. Menier dans son ouvrage de l'impôt sur le capital, page 320 « L'impôt » sur les diverses valeurs, dit-il, sera payé par les » caisses qui font le paiement des arrérages, intérêts » ou dividendes. »

Cette disposition viendrait compléter et servir de contrôle au mode désigné ci-dessus. Je le répéte: tout moyen bien défini et pratique est admissible dans ce cas. Cependant, le bordereau personnel correspond mieux à l'ensemble de ce travail.Chaque imposable aurait son rôle complet au siége du Receveur fiscal et le double entre ses mains sous forme de feuille de contribution.

Il faudrait, toutefois, exiger la déclaration des valeurs étrangères, comme nous avons dit précédemment en rappelant le projet de MM. Philippoteaux et Chanzy.

Créances hypothécaires, chirographaires, Valeurs diverses, Passif.

Le caractère de l'impôt, comme nous l'avons dit, étant d'éviter toute ingérence dans les affaires privées, il nous a paru nécessaire d'écarter la question du passif. On verra, toutefois, que nous en tenons compte en abaissant à une taxe des plus faibles l'impôt basé sur les éléments de la fortune due au travail et aux spéculations commerciales ou financières.

(Voir au décompte du bordereau définitif.)

La loi déciderait si les créances hypothécaires, ce qui me paraît juste, devraient venir en dégrèvement du capital imposé, ou plutôt si le créancier hypothécaire n'aurait pas à payer l'impôt sur les biens grevés à son profit.

Quant aux créances chirographaires, plus on réfléchit dans l'ordre d'idées que nous émettons, plus on reste convaincu qu'il n'y a pas lieu de s'y arrêter.

En effet, en les frappant soit chez le particulier que nous voulons laisser libre, soit chez le banquier ou le prêteur, quel qu'il soit, nous atteindrions deux fois le capital : une fois dans son actif, une autre fois dans son passif. On ne peut, tout au plus, leur demander qu'une taxe relative et fort minime, c'est ce qui aurait lieu dans la partie de l'impôt basée sur la source des bénéfices ; mais elles n'en resteraient pas moins inaperçues, ce à quoi tiennent le plus les créanciers et les débiteurs.

Et puis, n'aurait-on pas à craindre que le crédit ne fût tout-à-coup paralysé ? L'argent est le nerf des transactions, mais les traites, les billets à ordre, les créances chirographaires, en un mot, ne sont-elles pas leur plus puissant auxiliaire !

Le financier, n'ayant aucune appréhension de ce côté, l'argent serait moins rare et les affaires suivraient leur cours ordinaire.

Charges vénales.

Rien de plus simple que de fixer le prix des charges. Les chambres de notaires, d'avoués, d'agents de change, etc., ont ces documents dans leurs minutes. Un visa du parquet aux tableaux dressés *ad hoc*, une recherche, au besoin, au bureau des domaines et sans le moindre préjudice pour les intéressés, on pourrait avoir les chiffres les plus exacts.

Caisses de Dépôt et Consignation, d'Épargne, Cautionnements, etc.

Les titres de dépôt, de retraites, les livrets de caisse d'épargne, les cautionnements constituant un capital, devraient nécessairement être frappés. Chacun a ses titres d'inscription entre les mains.

Les Ministères, les Administrations publiques et municipales seraient à même de donner, à cet égard, les renseignements les plus précis.

Pour cette ligne, le bordereau modèle présenterait, au verso, un tableau succinct, libellé, comme suit :

CERTIFICAT D'INSCRIPTION				MONTANT des Cautionnements, Dépôts, etc., et nature des dépôts.
N°	Reg	F.	Date	
1407	1	215	3 déc. 1865.	Cautionnement. . 400
4820	4	19	6 fév. 1875.	Livret 300

Cet article n'est ici que pour mémoire et comme faisant partie du capital effectif. Il figure, au tableau indicatif des valeurs déclarées, dans la

colonne des sommes passibles de l'impôt de 50 c.
p. %.

On sait le taux minime d'intérêt qui s'y rattache.

Le Gouvernement aurait le devoir, en raison du
bénéfice de la réforme, d'examiner s'il ne serait
pas plus équitable d'élever ce taux et de le mettre
en rapport avec le taux légal. Dans ce cas il
deviendrait passible de la taxe de 1 p. %.

La plus grande somme de cautionnements versés
à l'Etat et des placements faits à la caisse
d'épargne porte sur le léger patrimoine du
fonctionnaire, le plus souvent sur ses économies
et, pour l'ouvrier, sur une réserve bien précaire.

Traitements, Honoraires, Salaires.

Les traitements des fonctionnaires publics sont
connus. Il est bien entendu que la taxe de 1 % ne
serait applicable qu'au montant net des traitements,
défalcation faite de la retenue de 5 % pour la
caisse des retraites. Les appointements des agents
de toutes sortes peuvent être contrôlés. Ils seraient
inscrits au bordereau personnel dont il a été
question, ou feraient l'objet d'une déclaration au
percepteur, suivant le mode adopté pour l'inscription
au rôle des contributions.

Quant aux salaires des ouvriers, des agents à
gage ou à la journée, une retenue représentant
l'impôt (1 p. %) serait faite exclusivement par les
soins des maîtres et patrons qui les emploient. Ces
derniers, aux époques des déclarations, seraient
comptables de cette part du fisc. J'entends les
salaires, déduction faite des sommes prélevées

pour les caisses de prévoyance, les amendes, etc.

On voit, dans ce chapitre, que le revenu est la base essentielle de l'impôt. Il en serait ainsi pour les honoraires des avoués, des notaires, des huissiers, etc., des entrepreneurs à quelques travaux qu'ils se livrent, etc., et des professions libérales. (Déclaration. — Taxe 1 p. %. — Voir les notes.)

DEUXIÈME PARTIE

IMPOT SUR LE CAPITAL
QUOTITÉ 50 Cent. p. O/O

RENTES SUR L'ÉTAT

Par exception et eu égard à l'intérêt qui s'attache aux petits rentiers, dont le nombre s'accroit de jour en jour, nous avons cru devoir abaisser à 50 centimes l'impôt qui frapperait le capital des *rentes sur l'état.*

Propriétés foncières, Propriétés bâties

La matrice cadastrale présente, par commune, et pour chaque propriétaire, la contenance totale des parcelles imposables et la nature des propriétés ; de plus, le revenu cadastral.

Le total des contenances, d'une part, et, de l'autre, celui du revenu cadastral étant donnés, — ce travail est fait à la matrice, — il faut multiplier le revenu cadastral par la proportion de rehaussement spécifiée au tableau E *(Registre de la contenance territoriale et des revenus fonciers de la commune),* pour avoir le revenu réel.

Le revenu réel connu pourrait ainsi être frappé du denier 30, base moyenne que l'on prendrait pour établir la valeur vénale des propriétés.

En multipliant par 30 le revenu réel, on a la valeur approximative de la propriété foncière, ce qui représente un revenu de 3 3 %.

La propriété bâtie pourrait être évaluée en prenant pour base le denier 20 ou 5 p. %.

La même opération s'effectuerait d'après les indications authentiques consignées à la matrice cadastrale : revenu cadastral multiplié par la proportion de rehaussement et le total multiplié par 20.

Ces données qui servent, d'habitude, à la fixation des expertises provoquées ou soutenues par l'Administration de l'Enregistrement, ont toute la valeur d'une expérience acquise et consacrée en justice.

Il suffirait donc, pour chaque département, de fixer la proportion que nous appelons denier 20, 25, 30 , etc.

Les propriétaires fonciers seraient d'autant moins fondés à se récrier sur le revenu admis, fût-ce 3 3 %, que chacun sait que, dans le plus grand nombre des communes de France, les revenus cadastraux sont notoirement au-dessous de la réalité et que la proportion de rehaussement est loin de leur donner leur importance exacte.

J'indique, ci-après, les dispositions qui pourraient être prises pour assurer la régularité du travail des commissions de répartition.

En résumé, comme principe de l'impot : des chiffres irréfutables, authentiques ; des proportions précises, un calcul simple, se réduisant à une multiplication par cote, et puis.... rien ! Transcription de la contenance des biens et de leur valeur qu'il ne me paraît pas strictement exact d'appeler

vénale, attendu que, si la vente devait en être réalisée
en temps ordinaire et dans des conditions normales,
elle dépasserait de beaucoup notre estimation —
transcription, dis-je, de deux totaux à la ligne du
bordereau afférent à chaque contribuable (voir le
bordereau, dont le modèle est joint à ce travail).

Les biens communaux, d'hospice, de fabrique,
devraient être compris dans la mesure générale
et pour éviter toute équivoque dans l'application,
la loi spécifierait qu'en cas de bail précédemment
passé dont une des clauses essentielles serait le
payement par le locataire des contributions
ordinaires et extraordinaires, celui-ci n'aurait à
contribuer en rien à l'impôt dont il s'agit, lequel
ne devrait atteindre que celui qui possède, le
propriétaire en un mot. Je parle, dans ce dernier
cas, pour les baux se rattachant aux propriétés
particulières et remontant à une date ancienne.

*Industriels, commerçants. — Compagnies
d'assurance. — Usines diverses.*

L'appréciation des établissements industriels est
encore plus facile à établir que celle de la valeur
des propriétés foncières.

Le carnet (modèle n° 3 du service des contributions
directes, — instruction du 10 juillet 1850, n° 37),
donne les détails les plus circonstanciés sur les
usines et locaux attenant, leur évaluation, etc.

Pour les constructions nouvelles, les documents
sont consignés dans les notes et registres tenus
par les contrôleurs en conformité des instructions
de la circulaire 443, du 1er mai 1865.

Le propre de l'impôt proposé est celui-ci : qu'il n'entraînerait aucune visite domiciliaire que celles strictement obligées pour la reconnaissance des immeubles et l'appréciation des réclamations fondées ; qu'il ne présenterait aucun indice d'inquisition ; qu'il pourrait s'établir dans le cabinet, sur des données officielles, les mêmes sur lesquelles repose la contribution directe ; que l'imposé lui-même compléterait par ses données son bordereau de rôle en ce qui concerne les valeurs cotées ou non cotées dont nous avons parlé, si le mode du bordereau était adopté.

TROISIÈME PARTIE

IMPOT

sur les *Éléments constitutifs des Bénéfices* et du Revenu

QUOTITÉ 30 Cent p. O/O

Tout patenté, tout contribuable pourvu d'une charge, serait tenu de déclarer, dans le 1ᵉʳ trimestre de l'année courante, le chiffre d'affaires qu'il aurait réalisé pendant l'année précédente. Le commerçant ou l'industriel ferait ses inventaires à l'époque de l'année qui lui conviendrait. L'impôt porterait sur l'exercice écoulé, un arrêté de compte fin décembre suffirait et la compensation s'établirait d'année en année. En cas de faillite le droit serait sauvegardé, il pourrait devenir irrécouvrable par suite de l'insolvabilité complète du contribuable.

Notez qu'il ne s'agit pas de la représentation des livres, d'un bilan, en quelque sorte, qui engage la situation du déclarant. Rien de plus simple que cette déclaration.

Chiffre d'affaires, 100,000 francs.

Peu importe le chiffre qui ne devrait être contrôlé qu'en cas de soupçon de fraude et par application d'un article spécial de la loi.

Je ne sais si je m'abuse, mais j'ai lieu de croire que les déclarations dépasseraient le plus souvent le chiffre réel des affaires.

Cependant, il ne faut pas se dissimuler que ce mode de déclaration soulèverait de nombreuses objections et, de la part de certains esprits prévenus, une opposition systématique contre laquelle nous devons réagir.

En effet, veut-on, oui ou non, se dégager de l'ornière économique dont chacun se plaint? Veut-on l'impôt sans conteste, basé sur des données certaines fournies par l'imposé lui-même et, ce qui frappera le plus les opinions rebelles, est-on fermement décidé à affranchir, dans la plus large mesure possible, l'ouvrier, le prolétaire, le petit fonctionnaire, le pauvre en un mot?

Dans l'affirmative, si nos récriminations continuelles à l'endroit du fisc ne sont pas de vaines déclamations philanthropiques, que n'entrons-nous dans une voie plus en rapport avec la logique de nos aspirations sociales?

En Angleterre, l'income-taxe s'étend non-seulement aux rentes du capitaliste et du propriétaire, mais encore aux bénéfices du marchand, aux traitements des fonctionnaires, aux appointements des employés.

Il ne serait pas juste que le propriétaire supportât seul le poids de l'impôt. Le banquier, le financier à un titre quelconque, l'agent d'affaires, le locataire d'un établissement industriel ou commercial qui réalisent des bénéfices doivent y participer.

Quelques économistes ont pris pour base le chiffre d'affaires, d'autres, le bénéfice net.

A première vue, ce dernier mode paraît le plus rationnel. Si j'adopte le premier, non sans mûre réflexion, c'est que je considère que celui-là seul est la conséquence du principe sur lequel repose notre système de l'Unitaxe : nulle ingérence dans les affaires privées, dans la gestion des biens, nulle atteinte, même indirecte, au crédit public.

L'impôt, dans ces conditions, sera accepté.

En effet, que veut le contribuable? sa liberté d'action. Ses bénéfices, l'état de sa maison, en tant que manutention, actif ou passif, le Fisc n'a que faire de les supputer.

En voulant supprimer ce qui existe, nous tomberions dans un pire système : l'inquisition, ce que nous redoutons le plus.

Dans notre projet, en ce qui touche la fortune immobilière et foncière (1res Parties de ce travail), nous avons indiqué une taxe égale relativement élevée, sans nous préoccuper du revenu. C'est qu'elle repose sur un capital acquis et que celui qui possède doit supporter la plus lourde charge.

Mais, dans un commerce, une industrie quelconque, le capital n'est pas définitivement acquis, il n'est qu'en formation, exposé à mille vicissitudes : c'est une fortune branlante en quelque sorte.

Aussi, je ne demande pas ce qu'elle produit. Je dis à l'intéressé : déclarez votre chiffre d'affaires et soyez libre.

Et, comme je ne veux entrer ni dans vos chances de gain, ni dans l'alea des pertes qui vous menacent, je fais immédiatement et largement la part de votre passif et je ne vous demande que 30 centimes p. °/₀ sur le chiffre déclaré; seulement je veux le chiffre brut.

Soit sur . . . 400,000 fr. . . 1,200 fr.
— . . . 10,000 » . . 30 »

que si le propriétaire se récriait devant cette proportion si avantageuse pour le contribuable atteint dans la source de ses revenus ou de ses bénéfices, comparativement à celle qui lui serait appliquée, je, lui dirais :

Vous jouissez, vous ; vous possédez ; vos enfants, après vous, jouiront de leur patrimoine et cette fois sans payer de droits de succession, cette énormité fiscale que l'on ne saurait trop réprouver.

Vos revenus sont moindres, mais vos propriétés acquièrent de plus en plus de valeur ; vous ne courez aucun risque si vous acquittez régulièrement vos primes d'assurance. D'ailleurs, il vous est facultatif d'augmenter vos revenus par des ventes d'immeubles et le déplacement de vos capitaux ; vous êtes dégrevés de tout autre impôt.

L'industrie, au contraire, est dans des transes continuelles. Et puis, le commerçant ou l'industriel n'a pas que son chiffre d'affaires sur lequel pèserait la taxe ; il est propriétaire aussi, il a des immeubles, des valeurs. Dès qu'il s'est fait un capital de ce genre, il est, comme vous, frappé de l'impôt sur le capital. Il a donc double charge : celle que vous supportez vous-même et celle dont son entreprise le rend passible. Si ce n'était le dégrèvement des impôts directs et indirects dont il va profiter, c'est lui qui aurait lieu de se plaindre. Mais, comme ses immeubles, dira-t-on, servent le plus souvent à l'exploitation de son industrie, il n'en tire qu'un avantage relatif, c'est pourquoi la loi ne lui imposerait, de ce chef, qu'une taxe minime.

J'ai dit 3 fr. p. 0/1000, l'impôt n'est possible qu'à cette condition.

En résumé, que résulterait-il de cette proportionnalité : que le petit commerçant ne payerait presque rien, soit, sur 4,000 fr. d'affaires, 12 fr., sur 10,000, 30 fr.

Qui s'en plaindrait? Ce n'est pas le marchand. Encore moins l'acheteur qui aurait toute chance de voir baisser le prix de vente des objets à son usage.

On est tellement habitué à voir le petit industriel supporter de gros impôts, lesquels, tout compte fait, sont toujours payés par le consommateur, que l'on s'étonnera du revirement proposé.

Mais, pour ne parler que du consommateur, le véritable, le seul contribuable, il est évident que, pour lui, les boissons, le sucre, la chicorée, les huiles, la bougie et tant d'autres produits taxés aujourd'hui, devraient diminuer de prix au prorata de la somme de droit dont le dégrèvement serait prononcé, c'est, du moins, à quoi tend notre projet.

Eh bien, voyez ce qui a lieu lorsque l'on applique un impôt nouveau?

Les objets soumis au droit subissent la hausse proportionnellement à la taxe nouvelle et cela instantanément, sans compensation par rapport au prix d'achat des marchandises, souvent même avant l'application officielle de la loi. Retirez-le, cet impôt, les prix précédemment établis, passés dans la pratique, restent les mêmes ou peu s'en faut.

Personne ne niera ce que j'avance. Le détaillant objecte le renchérissement des frais de transport (rien d'étonnant, vous avez inventé ! l'impôt sur la petite vitesse), la cherté inouïe de la main-d'œuvre, etc.

Nous en avons un exemple frappant dans le fonctionnement de la taxe unique, en matière de boissons, pour les villes dont la population dépasse 10,000 âmes. Les débitants de boissons ne payent pas plus de droits que les simples particuliers qui sont surchargés, ayant à acquitter une somme de droits trois fois plus élevée que celle dont ils étaient passibles précédemment.

Et croyez-vous que ces assujettis, auxquels on s'intéresse si fort, aient baissé leurs prix? Loin de là, comme ils ne sont plus sous la surveillance de la Régie qui exigeait des affiches de prix de vente, autant pour l'assiette du droit que pour la garantie et dans l'intérêt du consommateur, ils rançonnent à merci leur clientèle.

Cette situation donne la mesure du fâcheux effet qu'entraîne la création de nouveaux impôts, lesquels constituent, j'ose le dire, une véritable calamité pour la fortune publique, et il en sera toujours ainsi tant que l'on s'obstinera à se traîner dans la vieille ornière fiscale dont nous ne savons comment sortir, j'allais dire nous dépêtrer.

Avant de résumer mon travail, je veux répondre aux objections les plus sérieuses qui m'aient été faites : la déclaration d'abord !

Je ne puis mieux faire que de citer un passage de l'excellent discours de M. Wolowski dont j'ai déjà invoqué l'opinion : « Les hommes qui sont » parfaitement prêts à dire quel est le résultat de » leurs entreprises ne demandent pas le secret.

» Si, au contraire, ils ne veulent point que leurs
» voisins sachent quel est l'état de leur industrie,
» de leur commerce, ni quels sont les profits
» qu'ils en retirent, ils remettent *sous pli cacheté*
» au contrôleur de l'income tax *(il s'agit ici de
la définition de l'income tax en Angleterre, en ce
qui concerne la cédule D)* leur déclaration qui est
» envoyée à un tribunal suprême à Londres,
» composé de hauts fonctionnaires chargés de
» contrôler la déclaration. »

Je me hâte de dire que mon système n'a aucune
analogie avec l'income tax.

L'income tax est divisée en quatre cédules
principales.

La 1re porte sur la propriété foncière ;

La 2e sur les revenus des placements sur l'Etat ;

La 3e sur les baux de fermage ;

La 4e sur les profits déclarés de l'industrie, du
commerce et des professions libérales, ainsi que
les dividendes des actions et les intérêts des
obligations.

La déclaration est faite de manière à ce que
personne ne puisse la connaître, excepté les officiers
chargés de percevoir l'impôt. Le secret est scru-
puleusement gardé ; les fonctionnaires s'engagent
par serment à ne pas révéler les déclarations. Je ne
veux prendre de l'income tax que ce mode d'enregistrement que j'applique, non aux profits et
bénéfices, mais au chiffre d'affaires. Je le répète : en
France, la plupart des patentables accuseraient
hautement leur situation tant qu'il ne serait question ni du passif, ni des bénéfices.

Les mœurs de nos voisins diffèrent tellement

3

des nôtres que leur système économique ne saurait être pris pour modèle à notre usage.

Et, à ce sujet, il est peut-être intéressant de savoir ce que les Anglais, en plus de l'income tax, ont à supporter d'impôts de toutes sortes. Ils ont l'*Excise*, le droit sur la bière, le cidre, les huiles, les vins, les alcools, etc., le timbre, l'enregistrement, l'impôt sur la propriété immobilière, des taxes considérables sur la propriété foncière, sur les successions, les Douanes, les Postes, etc., etc. On voit que nous n'avons rien à envier à leur régime économique, et que le nôtre serait de beaucoup préférable, surtout si nous entrions dans la voie de l'impôt unique : l'Unitaxe.

Je reviens à la déclaration. Qu'elle soit faite sous pli cacheté ou par écrit signé, ou verbalement, peu importe, le législateur en déciderait. Quoi qu'il en soit, on pourrait dresser une feuille d'avertissement dans le genre de celles délivrées aux contribuables par l'Administration des Contributions directes pour l'acquit des contributions foncière, personnelle, mobilière et portes et fenêtres. Cette feuille présenterait, comme celle actuelle, des indications dont les agents de ladite Administration connaissent à peu près seuls la signification exacte.

Je cite, par exemple, un avertissement que j'ai sous les yeux :

AVERTISSEMENT

Art. 3 du Rôle

Centimes le franc: Foncière 70.403
Pour un revenu de 16'92

Montant des cotes . . . . 11'91.
Douzième 1'.

L'imposable paie 11'91 soit en une fois, soit par douzième. S'il veut avoir l'explication de sa cote, le Percepteur la lui donne — il ne peut s'y refuser — mais le public ne s'en rendrait certainement pas compte sur ces données.

A l'indication : Foncière, portée aux cadres des centimes le franc, substituez : chiffre d'affaires en prenant un nombre proportionnel admis dans les calculs du fisc et l'avertissement sera aussi incompréhensible pour le commun des contribuables que celui dont je donne plus haut l'analyse.

Du reste, la formation d'un document administratif n'est pour rien dans la question. Je préférerais, je l'avoue, qu'il fût parfaitement clair et compréhensible pour tous.

Mais, en bonne répartition, dès que la propriété foncière, aussi bien que la fortune immobilière, est chose connue et qu'il est facile d'en établir la valeur, pourquoi ne serait-il pas permis d'apprécier d'une manière aussi exacte que possible, la fortune en formation; pourquoi enfin ferait-on une exception justement pour ceux qui profitent le plus des avantages de cette fortune ?

Une autre objection m'a été posée, elle est des plus graves et doit attirer toute l'attention du législateur : le contribuable, dans les conditions proposées, payerait-il plus ou moins d'impôt que sous le régime actuel ?

Des chiffres significatifs répondront à cette question.

Que l'on suppose un capital représenté, d'une part, par des propriétés bâties, de l'autre par des terres et des valeurs industrielles (le bordereau final est assez explicite pour que je n'insiste pas sur les détails du capital acquis) soit 100,000 fr.

Titres et valeurs, 50,000 fr. Impôt prélevé, 1 p. 0/0 . . . . , ... 500 f.

Terres et propriétés, 50,000 fr. Impôt prélevé 1/2 p. 0/0. 250
_____
Total. . . . . 750 f.

Quel est le contribuable, possédant 100,000 fr., qui paye moins de 750 fr. de contribution, si l'on compte les droits sur les sucres, le savon, les bougies, la chicorée, les boissons de toutes sortes, les huiles, les vinaigres, les voitures publiques, les chemins de fer, la navigation, les impôts fonciers et immobiliers, les portes et fenêtres, l'enregistrement, etc., etc., tous impôts supprimés dans le projet que j'émets. A l'heure qu'il est, je le demande, ne paye-t-il pas ces impôts, fût-il en perte, s'il est commerçant.

Je ne puis résister au désir de citer ici une notice statistique que je trouve au supplément du *Figaro* du 19 mars 1876.

Un de mes amis, écrit un correspondant de ce journal, a acheté une terre . . . . 210,000 f.

Il y a eu pour frais d'actes . . . 20,000
_____
Total. . . . . . . 230,000 f.

Son revenu, par baux authentiques, est de 4,596

Les bois lui rapportent, en moyenne 2,000
_____
Total. . . . . . . 6,596 f.

| | Report. . . . | 6,596 f. |

Frais de gardes. . 500ᶠ ⎫
Entretien de ferme 500 ⎭ 1,000ᶠ

Il a reçu les bordereaux de ses contributions dont voici le détail :

Foncier. . . . . . 1,125ᶠ 27 ⎫
Cote personnelle et mobilière . . . . 119 73 ⎬ 2,290
Prestations . . . . . 45 » ⎭

Il lui reste donc un revenu net de. 4,306 pour un capital qui, a 5 %, lui rapporterait 10,500 f.

Suivent des considérations qui, sous une forme humoristique, ont un certain intérêt d'actualité.

Je ne relève de la situation qui précède que les chiffres indiquant les frais d'actes et les impôts directs, près de 23,000 fr. Ajoutez les droits de consommation et tous les autres dont ne parle pas le spirituel correspondant du *Figaro*, vous arriveriez à un chiffre de plus de 25,000 francs.

L'unitaxe vous eût demandé 1,050 francs et cela sans inquisition, sans autre démarche, de la part de l'imposé, qu'une visite trimestrielle à la Recette des Finances. Il faudrait vingt-quatre ans d'application de l'impôt pour arriver à payer la somme de 25,000 fr. (1)

Une troisième objection découle de la précédente, celle-là est capitale : avec cette razzia des vieux impôts, dit-on, vous aboutirez à un déficit. Vous n'aurez jamais les 2 milliards 600 millions nécessaires à notre budget.

J'ai supputé le cas dans la première partie de

(1) Je ne tiens pas compte des honoraires du notaire. On sait que les frais d'enregistrement viennent les grossir démesurément.

ma discussion et je crois avoir donné, par l'adjonction de l'impôt qui prend sa source dans l'élément des bénéfices, un appoint tellement productif, si l'on considère la multiplicité de ses articles, que cette appréhension doit être écartée. *Je dis plus : si l'on veut sans parti pris, se reporter au cours de notre Exposé, on reconnaîtra que la disposition du système est telle qu'il pourrait produire plus ou moins, suivant les dispositions du budget, mais, qu'au pis-aller, il ne serait jamais insuffisant.*

J'ajoute que le principe est tellement fécond que les ressources qui en découleraient sont incalculables.

A l'appui de mon assertion, j'établis le budget des recettes, tel qu'il pourrait être fixé dans le système de l'Unitaxe.

Je prends, à cet effet, les chiffres mêmes qui figurent au tableau E du budget général des voies et moyens de l'exercice 1877 (1), mais je ne compte, pour l'Enregistrement, les Postes, les Télégraphes et les Contributions indirectes que les sommes applicables aux frais de Régie et d'exploitation (2), les seules que nous demandions à ces divers articles de l'impôt pour lesquels les recettes compenseraient les dépenses, et je fais ressortir la situation ci-après :

Impôt de 1 % sur la richesse fiduciaire de la France, estimée au minimum à 100 milliards, y compris les traitements, les honoraires, les salaires, etc . . . . 1 milliard

A *Reporter*. . . . 1 milliard

(1) Pages 2162 et 2163 du *Journal Officiel* du 27 mars 1876.
(2) Page 2159 du même journal (état A).

Report. . . . 1 milliard

1/2 % sur la propriété foncière, la propriété bâtie, le matériel, le mobilier, les objets d'art, etc., estimés 100 milliards . . . . 500 millions

Il n'est pas exagéré de compter 200 milliards d'affaires à 3 p. 0/1000 ou 30 cent. p. % . . . . . . 600 »

Taxes sur biens de main morte	4,975,000
Mines	3,300,000
Droit de vérification des poids et mesures	3,442,000
Droit de visite des pharmacies, etc.	235,000
I nregistrement *(frais de régie)*	19,069,700
Forêts	38,548,680
Douanes et sels.	273,730,000
Tabacs. . , ...	312,440,000(1)
Poudres	13,984,600
Postes *(frais de régie)* . . .	69,732,804
Télégraphe *(frais de régie)*. .	16,125,700
Produits universitaires . . .	4,471,660
Produits d'Algérie	24,483,400
Retenues (pensions civiles). .	18,044,000
Contrib. indir^tes *(frais de régie)*	36,615,590
Produits divers du budget. .	66,414,739
(Recettes) Total général. .	3,005,612873
(Dépenses) prévues pour 1877	2,667,296751
Boni.	338,316,122

(1) Il y aurait lieu sans doute de retrancher des recettes les taxes sur les sucres coloniaux et étrangers, et celles de consommation sur les sels, perçues dans le rayon des douanes pour les assimiler à nos produits indigènes.

Je n'indique que pour mémoire le boni que l'on réaliserait par la réduction des dépenses. Et, à ce sujet, que l'on veuille bien se pénétrer de cette idée qu'en matière de fiscalité, plus le personnel est nombreux, plus l'impôt est productif. C'est au moins ce qui a lieu sous le régime actuel. Il est des dépenses qui font décupler les recettes : telles sont celles d'un accroissement bien entendu du personnel des agents d'exercice. C'est toujours une fausse économie que de le réduire. Là, du reste, est le petit côté de la question.

Je n'entre pas dans la large marge laissée par la taxe personnelle que nous avons réservée. En principe, cette dernière taxe consisterait en une rétribution minime, son but étant, je le répète, de servir uniquement de base au dénombrement des contribuables. Devant une situation aussi prospère, ne serait-ce pas le cas de songer enfin à diminuer le prix des tabacs, seul moyen de paralyser la contrebande et de procurer au monopole un avantage certain; d'améliorer le traitement des fonctionnaires civils et des officiers de l'armée qui ne sont plus en rapport avec la cherté toujours croissante des objets nécessaires à la vie, et d'augmenter le chiffre de leurs retraites; de mettre les intérêts des cautionnements en rapport, comme je l'ai dit dans la 1re partie de cet exposé, avec le taux légal; de réserver des fonds d'amortissement et d'abaisser, dans une certaine mesure, la quotité de l'Unitaxe afférente aux valeurs fiduciaires.

Quoiqu'il en soit, on nous accordera que l'impôt que nous préconisons est essentiellement démocratique; qu'il ne pèserait lourdement sur aucune classe de la société; qu'il exonérerait les citoyens nécessiteux et leur ouvrirait une ère de bien-être inconnue jusqu'alors ; qu'il favoriserait le commerce, l'agriculture, les pays vignobles ; qu'il entraînerait avec lui la suppression de l'exercice et des droits de circulation, en matière de boissons; de consommation sur les alcools, taxe exorbitante (156 fr. 25 c. par hect.) et la disparition d'une foule d'impôts condamnés par l'opinion publique ; enfin, qu'il exclut toute catégorie, qu'il sauvegarde les positions acquises et qu'il est complet dans son ensemble et d'une simplicité en quelque sorte primitive comparativement à ce qui existe.

Au contraire, admettons

L'IMPOT SUR LE REVENU

Comment constater, fixer le revenu ? Voyez que de catégories vous devez établir, dans quelles déductions il vous faudra entrer !

« M. Raudot disait, dans la séance de l'Assemblée nationale du 22 décembre 1871, à propos de l'income-taxe que l'on veut prendre pour modèle : que lord Brougham, en 1816, lors de l'abolition de cet impôt, avait demandé que les registres qui constataient la perception de l'income-taxe fussent brûlés, afin que le pays pût en perdre la mémoire. Rétabli en 1842 par Robert Peel en présence d'un budget en déficit, il n'en reste pas moins l'impôt qui, en Angleterre, est le plus impopulaire. » Si, encore, il apportait un remède, une atténuation à l'état critique que nous subissons, mais vous l'ajoutez aux autres impôts; vous le superposez au système actuel pour retirer quoi? la taxe des allumettes qui tombera toute seule, non sans avoir causé au Trésor un tort irréparable ; celle des bougies, des chicorées, du papier peut-être.

Tout cela est quelque chose, mais combien est minime cet allègement par rapport à la masse d'impôts qui nous écrasent et dont fait justice notre projet.

LE CADASTRE

Une question fort importante occupe, à juste titre, la commission du budget. C'est celle de la révision du cadastre.

Tant que cette question, dit-on, ne sera pas vidée, la réforme économique restera en suspens. C'est l'opinion, paraît-il, la plus généralement répandue dans les sphères législatives.

S'il m'était permis, à ce sujet, d'exprimer mon avis, je rappellerais ce que j'ai exposé sommairement au cours de ce travail : que l'administration des Contributions directes, aidée des répartiteurs, des autorités locales et s'entourant des matrices cadastrales, procède, chaque année, au travail d'estimation et de répartition de toutes les parcelles imposables et généralement de ce qui forme la base de l'impôt, c'est-à-dire de la fortune territoriale et mobilière du pays.

Les calculs des agents contrôleurs, revisés dans les Directions départementales, ont toute la force de l'expérience acquise et la garantie du désintéressement qui s'attache au personnel des administrations de l'État, étranger aux petites questions de localité.

Que l'on renforce ce personnel qui puisera auprès des receveurs de l'enregistrement des renseignements propres à l'éclairer concernant la valeur des propriétés, les baux passés ; que l'on interroge les notaires et que, sur le terrain, en cas de contestation, des géomètres experts fixent par l'arpentage et le classement des terres, les commissions organisées, et je pose en fait qu'avant cinq ou six mois au plus, la richesse, la valeur du sol et celle des propriétés, matériel et mobilier compris, serait estimée avec une précision qui laisserait peu de prise aux réclamations.

Avant la fin de l'exercice 1878, l'administration pourrait avoir dans ses cartons tous les documents nécessaires à l'application de l'impôt unique.

Pendant ce temps, les agents du cadastre poursuivraient leurs travaux de révision définitive. Fallut-il 10, 15 ans — on prétend que ce temps est indispensable aux opérations du cadastre — qu'on les prenne et, chaque année, les préposés de ce service trouveraient, dans le travail de répartition, des données de plus en plus exactes sur lesquelles l'impôt aurait été établi.

Il a été dit (le public est frondeur) que les mesures qui pèsent sur le propriétaire, sur le riche, si l'on veut, trouvaient peu d'écho dans le Parlement, parce que les membres de cette assemblée sont juges et parties et qu'ils ménagent avant tout leurs propres intérêts.

Cette critique ne saurait atteindre une assemblée qui puise sa force dans sa constitution républicaine et dont le but hautement avoué est d'améliorer le sort des masses par les réformes économiques les plus populaires.

LES OCTROIS

Dans l'organisation de l'impôt que nous proposons, la question des octrois est secondaire ; elle aurait sa solution dans le mécanisme même du système. Le prélèvement sur les contributions (centimes communaux et autres pour les budgets des départements et des communes) s'effectuerait comme d'ordinaire.

Les impôts de consommation reversibles au Trésor disparaissant, les taxes d'octroi proprement dites, notamment pour les chapitres des liquides et un certain nombre d'articles relatifs aux comestibles et aux combustibles se trouveraient abaissées à ce point qu'elles paraîtraient pour ainsi dire infimes.

Je cite une moyenne prise sur plusieurs villes : 100 litres de vin en fût couteraient 5 fr. de droit au lieu de 19 fr. 25 ; « 100 bouteilles, 5 fr. au lieu de 36.60 ; » 100 lit. d'alcool (200 lit. à 50°), 24 fr. au lieu de 204 f., droit afférent à certaines villes rédimées, y compris le droit de consommation et le reste à l'avenant. La taxe de remplacement à Paris et dans certaines grandes villes, subirait, par la force des choses, une réduction très considérable. Rien ne s'opposerait, d'ailleurs, à ce que les Municipalités s'exonérassent des taxes locales soit par la cote personnelle qui, dans l'espèce, serait applicable à tous les citoyens, soit par les centimes additionnels.

Du reste, je ne crois pas qu'il y ait lieu de s'occuper bien sérieusement des octrois. Chacun est maître chez soi. Il ne s'agit ici que d'une affaire en quelque sorte privée. Il est facultatif aux villes de prendre tel ou tel mode de recouvrement qui leur paraît préférable.

J'ai toujours pensé que l'on faisait beaucoup trop de bruit autour de cette question et qu'il fallait laisser aux communes leur libre arbitre en pareille matière.

————————

Avant de mettre la dernière main à ce travail, je voudrais prévenir toutes les objections fussent-elles sans portée sérieuse. On ne saurait, dans une discussion de cette nature, être trop précis, trop concluant. Il y a tant d'indifférence, sinon d'opposition vis-à-vis du fisc que l'on subit tel qu'il est, crainte d'avoir pis !

— Avez-vous considéré, m'a-t-on dit, les conséquences de l'abolition des droits sur les alcools ? Vous allez voir surgir les abus les plus scandaleux. — La taxe est un frein à la débauche. — Et la morale publique ?

— La morale publique ? Mais nos lois ne sont-elles pas là pour la garantir. Et les peines édictées contre l'ivresse, les mesures de police si rigoureuses ; tous ces décrets, arrêtés et ordonnances qui sauvegardent la sécurité publique, tout cela serait il lettre morte ?

— Les journaux, s'exclame-t-on, que vous affranchissez de toute taxe, vont pulluler ! Quels débordements n'aura-t-on pas à signaler dans la presse ?

— Notez que je ne traite ici qu'une question économique et que je me sens très rassuré par les lois répressives dont sont armés le Gouvernement pour se défendre et la Justice pour nous protéger.

Je veux, une dernière fois, revenir sur les inconvénients de la *déclaration* ; sur l'ennui, c'est le mot, que le redevable éprouverait à déclarer, non pas sa situation financière — j'insiste sur ce point — mais, en cas de commerce, d'exploitation ou de spéculation, son chiffre d'affaires ou ses recettes brutes telles quelles, sans contrôle, à moins que des soupçons de fraude bien fondés n'y obligent le Fisc.

Je sais que ce sera là la principale objection.

— Et, d'abord, quel intérêt aurait-on à dissimuler cet élément des profits et des bénéfices devant une taxe aussi minime ? — L'impôt sur les valeurs mobilières n'implique-t-il pas déjà la déclaration ?

D'autre part, les valeurs fiduciaires étant prises au siége des sociétés créatrices, et la valeur des propriétés devant faire l'objet d'une estimation à l'amiable entre le contribuable et l'agent de l'administration sur des données garanties par des actes et par les appréciations les plus compétentes. — Que resterait-il à déclarer ?

— Les traitements et les honoraires.

Je ne parle pas des salaires sur lesquels les patrons retiendraient eux-mêmes l'impôt dont ils deviendraient comptables.

— Vraiment, devant le bénéfice de la réforme, qui se refuserait à cette suggestion, alors qu'elle n'entraînerait aucune publicité et qu'elle pourrait rester complètement ignorée ?

— La tenue des livres de commerce?

— Mais elle existe.

— Celle des particuliers ?

— Voyez à quoi elle se réduit dès que le fisc n'entend s'ingérer en rien ni dans les dépenses, ni dans le passif des contribuables.

Résumons donc, en peu de mots, les effets de l'impôt projeté :

— Aurions-nous, par l'*Unitaxe*, la somme nécessaire au budget ?

— Nous la dépassons.

Bien plus, j'affirme que l'on pourrait diminuer sensiblement la quotité applicable aux valeurs fiduciaires, soit de 1 p. 0/0, l'abaisser à 0,90 cent. et même à 0,80 cent. p. 0/0.

— Les redevables seraient-ils surchargés par rapport au contingent actuel de leurs contributions ?

— Au contraire, toute compensation faite, ils y gagneraient.

— Y aurait-il quelque classe de citoyens exceptionnellement lésée par ce mode d'impôt ?

— Aucune.

— Porterait-il un trouble quelconque dans les finances, dans la bourse, dans l'industrie ?

— Aucun.

— Enfin, le système est-il pratique ?

— Il est d'autant plus pratique que nous conservons les cadres et les rouages administratifs, et qu'il n'est autre chose que le régime actuel avec des quotités différentes.

Exemple :

L'*Enregistrement*. Droits de *donation*, *de succession*, etc. Les mots restent, ils définissent la nature des actes ; seulement, nous les faisons précéder de la désignation : *Droit de transcription.* Soit : droit de transcription sur donation, succession, etc. Ce droit serait fixe et dégagé des interprétations diverses auxquelles se rattache aujourd'hui la perception suivant telle ou telle rédaction apportée aux actes.

Les contributions directes. Impôt *foncier, mobilier,* etc. Les désignations disparaissent et sont remplacées par l'appellation unique : l'*Unitaxe.* Du reste, même mode de recouvrement.

Les contributions indirectes. Droits supprimés.

Pour les tabacs, les poudres, les cartes à jouer, la garántie sur les matières d'or et d'argent, etc., rien de modifié à ce qui existe.

J'ai terminé cet exposé. Je ne me dissimule pas son insuffisance et ses imperfections, mais en le retraçant, je n'ai eu qu'un but : celui d'apporter ma pierre à l'édifice économique auquel se vouent quelques esprits sérieux, pénétrés du désir d'être utiles à leur pays.

Un mot, enfin, et je m'incline devant la critique.

Que de difficultés seraient aplanies par notre système !

Cette fameuse question des sucres tant débattue, tant ajournée, serait tranchée net et combien d'autres ! l'exercice en matière de boissons si décrié ; la question des distilleries, celle des brasseries, des liquoristes ; les táxes exorbitantes de l'enregistrement ; tous ces calculs de droits divers contestés le plus souvent et soumis aux tribunaux

fort empêchés dans le dédale de notre législation fiscale; ces innombrables instructions qui se contre-
disent sur tant de points, amendées, modifiées,
abrogées ; tout ce luxe de paperasseries réduit à un
avertissement au contribuable, à une perception
toute simple basée sur un droit acquis au Trésor
puisqu'il repose sur une valeur réalisable en argent,
ou sur les éléments des bénéfices, faible tribut
demandé à la spéculation.

Ah ! je sais qu'il faut un certain courage pour
attaquer de front la routine et porter une main
téméraire sur l'arche sainte. La bureaucratie tressail-
lera sur sa base. Hélas, qui regretterait ses formalités et ses lenteurs !

Mais je m'arrête. On prête un mot à M. Thiers.
Le grand financier aurait dit, en parlant des théo-
riciens et réformateurs en matière fiscale :

Ce sont les romanciers de l'impôt.

Et si l'un d'eux disait vrai ! N'en croyez rien,
répond la routine.

Encore un romancier qui passe !

IMPOTS

qui seraient supprimés par l'application de l'Unitaxe

Enregistrement	Contributions DIRECTES	Contributions INDIRECTES
Droits de succession. Droits de mutation. Droits de transmission. Baux. Adjudications. Donations. Liquidations. Collocations. Valeurs mobilières. Etc. Remplacés par un droit de transcription rémunérateur des frais d'aministration.	Foncier. Mobilier. Portes & fenêtres. Patentes. Billards. Cercles. Chevaux. Voitures.	Circulat⁰ⁿ vins et cidre. 40 c. par expédition. Détail à l'enlèvement et à l'exercice. Consommation sur les spiritueux. Entrée. Taxe unique. Sels. Huiles. Voitures publiques. Navigation*. Vinaigres. Garantie sur les matières d'or et d'argent*. Dénaturation sur les alcools. Bières. Sucres. Allumettes. Chicorée. Papier. Licences. Cartes*. Bougies. Savons.

Les cadres administratifs restant constitués, il serait facultatif de maintenir ou de supprimer telle ou telle branche de l'impôt. J'ai marqué d'un astérique les droits qui pourraient être conservés dans les contributions indirectes.

TABLEAU INDICATIF

des Impositions basées sur la fortune du contribuable et sur les éléments constitutifs des bénéfices et du revenu

QUOTITÉ	EXTRAIT DE LA MATRICE CADASTRALE									VALEURS			Charges vénales	Traitements, Honoraires Salaires	TOTAL des colonnes 10 à 14	Produits des caisses diverses d'Épargne, de Consignation de Cautionnements, etc.	Chiffres d'affaires Recettes brutes	TOTAL GÉNÉRAL	IMPOT			
	TERRES		MAISONS JARDINS BOIS, PRÉS etc.		USINES INDUSTRIELLES, TERRAINS ET LOCAUX AFFECTÉS AUX SOCIÉTÉS DE CRÉDIT D'ASSURANCES etc.					COTÉES		Diverses non cotées							4 p. o/o	0,50 p. o/o	0,20 p. o/o	TOTAL de l'Impôt
	Quantité	Valeur	Quantité	Valeur	Quantité	Terrains	Bâtiments	Matériel et Mobilier	TOTAL des Valeurs (col. 2, 4, à 18)	Nominatives	Au Porteur											
	1	2	3	4	5	6	7	8	9	10	11	12	13	14	15	16	17	18	19	20	20	21
	hect.	francs	hect.	francs	hect.	francs	francs	francs	francs	francs	francs	francs	francs	francs	francs	francs	francs	francs	francs	francs	fr.os	francs
1 »	»	»	»	»	»	»	»	»	»	25.000	10.000	4.000	12 000	6.000	57.000	»	»	57.000	570	»	»	570
0 50	30	100.000	2	12.000	2	5.000	50000	200.000	367.000	»	»	»	»	»	367.000	2.000	»	369.000	»	1845	•	1845
0 30	»	»	»	»	»	»	»	»	»	»	»	»	»	»	»	»	200.000	200.000	»	»	600	600
Totaux		100.000		12.000		3.000	50000	200.000	367.000	25.000	10.000	4.000	12.000	6.000	424.000	2.000	200.000	626.000	570	1845	600	3015

NOTES

De nouvelles objections m'ont été faites relativement à la situation des fermiers que les propriétaires rendraient passibles de l'impôt, ce qui entraînerait une hausse relativement considérable dans les prix des baux. Je tiens, sur ce point, à donner des chiffres relevés aux livres mêmes des fermiers. Dans cette discussion, je fais appel à la bonne foi de mes contradicteurs. Il leur est facile de consulter leurs livres de dépense et de juger par eux-mêmes de la portée réelle de mes assertions.

Un cultivateur a pris à bail un domaine composé de divers lots (bois, terre et prés). Ce domaine est d'une valeur de 20,000 fr. Le propriétaire s'est dégagé des contributions, c'est le fermier qui les paie (le plus grand nombre des baux est stipulé dans ces conditions).

L'impôt affecté aux immeubles est de 33 francs.

L'amodiataire paie 620 francs de fermage, il a donc à sa charge :

$$\left.\begin{array}{lr}\text{Fermage} \dots\dots\dots & 620^f \\ \text{Impôt} \dots\dots\dots & 33 \end{array}\right\}\ 653^f$$

Dans l'hypothèse que nous émettons, le bailleur louera sa propriété, non pas 653 francs, mais . . . . . 620 ^{f}
Plus le montant du droit de 1/2 % sur sa valeur . 100

Total. . . . . 720 ^{f}

Ceci posé, ne nous hâtons pas de nous récrier. Faisons nos comptes.

Le fermier paiera 720 fr. au lieu de 653 francs, différence en plus : 67 fr.

Examinons maintenant quel sera le dégrèvement dont il profitera par le système de l'Unitaxe.

Je ne parle que d'un petit fermier qui exploite ses terres avec sa famille et un personnel très restreint. S'il a quelques biens propres : je les suppose d'une valeur de 10,000 fr., nous les supputerons.

Soit . . . .   67 f
et le droit de 1/2 % sur 10,000 desquels il
faut déduire l'impôt qu'il paie actuellement   } 92 f
(25 fr.), soit 50 fr. — 25 fr.   25

Voyons les droits de consommation qui frappent ce cultivateur sous le régime actuel. Je prends un ordinaire très modeste.

Mon exemple s'applique à la région du Nord. S'il portait sur la zône méridionale où le vin est la boisson usuelle, la taxe étant plus élevée, la proportion que j'établis serait d'autant plus appréciable.

J'estime, au plus bas chiffre, la consommation de la ferme :

10 pièces de cidre (droit de circulation à 2 fr. 50 par pièce) . . . . 25 f
2 pièces de vin à 5 fr. par pièce. 10
100 litres d'alcool ou liqueur. 160
20 kil. de chicorée à 30 fr. 6
10,000 allumettes à 0,04 c. le cent. 4
100 kil. savon à 5 fr. les 100 kil. 5
50 kil. sucre à 73 fr. 20 les 100 k. 35
400 kil. sel pur et mélangé à 10 fr. et à 5 fr. les
100 kil. (moyenne) 10
2 pièces de bière (droit à 7 fr. 20 par pièce . . 14

Total. . . . . 269 f

Décompte réduit qui nous a été opposé, en supposant le cidre fabriqué sur place et par conséquent exonéré d'impôt :

1 pièce de vin.	5 f
Eau-de-vie, 2 litres par semaine.	78
20 kil. de chicorée.	6
5 kil. allumettes	2
100 kil. savon	5
50 kil. sucre	35
30 kil. sel à 10 fr.	3
2 pièces de bière à 7 fr. 20.	14
Total.	148 f

D'une part, le cultivateur aurait un boni de 177 fr.; de
l'autre, ce boni serait réduit à 56 fr.

Soit	269 f	148 f
Report de l'excédant de charge	92	92
Différences.	177 f	56 f

Je parle d'un contribuable dont l'habitation est située en
dehors des villes. Que l'on juge de la somme d'impôt que les
droits d'entrée viennent ajouter à ce chiffre. Je ne mets pas
en ligne de compte la suppression des droits d'enregistrement,
des voitures et tous autres droits dont il est passible à un
titre quelconque dans ses relations privées et commerciales.

Si l'exploitation du fermier dépassait la moyenne prise
pour exemple, ses dépenses de consommation seraient plus
élevées et la compensation se produirait sur une plus grande
échelle.

Inutile, je pense, de pousser plus loin la preuve de ce que
j'avance : que le propriétaire et le fermier auraient un avantage marqué à la transformation de l'impôt. *(J'entends
pour ce qui concerne le petit propriétaire, les moyennes
fortunes, les plus nombreuses. Je parlerai plus loin des
grandes positions de fortune.)*

J'ai particulièrement traité la question du fermier, voyons
le propriétaire.

Dans l'exemple qui précède, le propriétaire reste dégagé
de toute contribution sur le domaine qu'il a affermé et comme

il a le même avantage que son locataire par le retrait des
droits de consommation, on peut entrevoir qu'au lieu
d'une surcharge pour ce dernier, un allègement, ou mieux
une réduction dans les prix de fermage ressortirait de
cet état de choses. Ce serait au moins logique. Cependant,
en dehors du domaine dont il s'agit évalué à 20,000 fr., le
propriétaire s'est réservé des maisons, un clos, des jardins,
dont la valeur estimative est de 40,000 francs.

		Contribution
Soit, pour mémoire (propriété affermée)	20.000ᶠ	
Propriété particulière pour laquelle il devra l'impôt à 1/2 p. 0/0	40.000	200ᶠ
Il a, de plus, en valeurs diverses . . .	15.000	150
Un emploi d'un produit de	5.000	50
Un cautionnement de.	5.000	25
(impôt à 50 p. 0/0.)		
Total. . .	85.000ᶠ	425ᶠ

Pour une fortune de 85,000 francs, il payera 425 fr.
d'impôt, rien de plus, rien de moins.

Il paye aujourd'hui (foncier, mobilier, portes et fenêtres, etc.) 120ᶠ
ses droits de consommation s'élèvent au minimum ;

5 pièces de cidre à 2 fr. 50	12
6 pièces de vin, vins en bouteilles, champagne, etc.	50
150 litres alcool, liqueurs, vins liquoreux, etc .	260
5 pièces de bière à 7 fr. 50	36
Chicorée, allumettes, bougies, sucre, etc. .	140
Voitures, chiens, chevaux, etc.	50
Total.	668ᶠ
Boni.	243ᶠ

Décompte réduit suivant une appréciation critique :

Foncier, mobilier.	120ᶠ
5 pièces de cidre à 2 fr. 50.	12
3 pièces de vin en bouteilles	25
A Reporter. . .	157ᶠ

Report. . . .	157 !
Eau-de-vie, 3 litres par semaine.	117
5 pièces de bière à 7 fr. 20.	36
Chicorée et sucre.	140
Voitures, chevaux, etc.	50
Total.	500 !

D'une part, boni de 243 francs, de l'autre 75 fr.

Ainsi, le propriétaire, sans réduire le prix de ses fermages, trouverait largement son compte, surtout si nous faisions la part, comme pour le fermier, des impôts divers dont il serait allégé dans ses actes soumis à l'enregistrement, ou qui ressortent, d'une façon ou d'une autre, des contributions directes et indirectes.

Je disais donc que, pour la classe moyenne, pour les fortunes relativement élevées, l'unitaxe présenterait tout avantage pécuniairement. Que dirais-je si j'entrais dans les considérations de bien-être, de liberté relative que les contribuables trouveraient dans ce système !

Un cas se présente où le propriétaire subirait une augmentation d'impôt d'autant plus sensible que sa richesse serait grande.

Supposons qu'il n'ait que des rentes sur l'Etat et des valeurs mobilières et qu'il vive sans train de maison, chez lui ou à l'hôtel, ne dépensant que le strict nécessaire. Il est certain que ce n'est pas dans les droits de consommation qu'il n'a pas à supporter qu'il trouverait une compensation.

Je pose un chiffre par exemple : Ses valeurs diverses s'élèvent à 800,000 fr. L'unitaxe lui demanderait 8,000 fr.

J'avoue que, dans ce cas, je ne saurais plaindre son sort, et là justement est le côté moral du système. Qu'y a-t-il de plus juste que de demander à celui qui possède ?

Mais que l'on ne croie pas qu'il soit surchargé outre mesure. Que notre propriétaire hérite — le bien vient le plus souvent aux riches. — Il se trouverait exempt dès droits de succession ; qu'il fasse une donation, qu'il ait sa part d'une liquidation, de combien de taxes, de décimes et de demi-décimes ne serait-il pas déchargé ?

Je ne parle pas de la suppression de l'impôt sur les valeurs mobilières dont il profiterait relativement, et de la réduction qui s'attache par une mesure exceptionnelle aux rentes sur l'État capitalisées.

Voyons l'industriel qui me paraît bien plus digne d'intérêt.

Je prends un exemple qui a le mérite d'avoir été puisé sur place, à une source parfaitement authentique.

Un industriel a une usine dont la valeur estimative, comme immeuble, est de 500,000ᶠ
et comme matériel de 200,000

Total. 700,000ᶠ

Voilà donc 700,000 fr. qui seraient frappés de l'impôt de 1/2 °/°, ci. 3,500ᶠ

Il fera un million d'affaires par an. Ce chiffre le rendra passible de l'impôt de 30ᶜ p. °/ᵒ, ci . . 3,000

Total. 6,500

Entrons maintenant dans ses dépenses au point de vue de l'impôt actuel.

Il paie pour contributions directes et patentes. 2,500ᶠ
Timbres de commerce. 1,500
Ports de lettres, télégrammes, etc 700
Impôt sur l'assurance, 10 p. 0/0 300
Actes divers du ressort de l'enregistrement . 2,000
Droits de consommation sur vin, cidre, alcool. 500
Sucre 200
Chemin de fer petite vitesse. 1,000
Chicorée, allumettes, voitures, etc 150

Total 8,850ᶠ

D'où une différence à son profit de 2,350ᶠ

J'ai pris pour exemple une exploitation ne comportant aucune association. En cas de société constituée par actions ou obligations, soit en commandite, soit anonyme, les titres du capital-actions devenant négociables rentrent dans les valeurs fiduciaires (taxe de 1 p. %).

Dans l'espèce, en admettant que la valeur du matériel, fît partie du capital-actions, cedernier s'élevant à 700,000 fr., l'impôt à 1 p. % serait de . . . . 7,000 f

Chiffre d'affaires (1 million) à 30 cent. . . . 3,000

Total. . . . . 10,000 f

Il est évident, dès lors, que chacun des membres de l'association aurait à supporter sa quote-part d'impôt, ce qui modifierait sensiblement le chiffre de l'Unitaxe applicable au principal imposé, directeur-gérant de l'usine en exploitation.

On verra dans le projet de loi qui termine notre exposé, qu'une distinction a été faite entre le capital-actions représentant la valeur proprement dite de l'immeuble et du matériel, capital souvent inaliénable et immobilisé, et les titres négociables formant le fonds de roulement.

C'est ainsi que, dans la première acception posée ci-dessus, si, pour étendre son industrie, le propriétaire de l'immeuble estimé avec son matériel 700,000 fr., fondait une société au capital-actions de 1,200,000 francs,

700,000 fr. seraient passibles de l'impôt de 50 c. p. %, ci . . . . 3,500 f

Et 500,000 f, titres négociables, de la taxe de 1 p. % 5,000

Total. . . . . 8,000 f

De plus, de l'impôt de 30 c. p. % comme il a été dit, sur le chiffre d'affaires.

En effet, un immeuble affecté à l'industrie et le matériel qui en dépend sont sujets à dépréciation et il ne serait pas juste que les actionnaires qui auraient apporté cette valeur comme part de propriété, fussent frappés de la taxe supérieure applicable aux valeurs fiduciaires.

La situation favorable que j'expose plus haut porte sur

les deux parties de l'impôt : la taxe sur le capital et celle relative au chiffre d'affaires. Je crois avoir répondu aux critiques diverses qui m'ont été adressées sur l'une et l'autre taxation.

En ce qui concerne le chiffre d'affaires, le banquier, me dit-on, à qui doit avoir recours l'industriel, ne manquerait pas de rendre celui-ci passible de l'impôt de 3 fr. 0/1000 applicable aux spéculations de finances, ce qui serait une aggravation de charge pour l'emprunteur, eu égard au crédit qui lui est ouvert.

Je réponds à cela que la situation n'aurait rien de trop onéreux, attendu la quotité minime de la taxe, et, de l'avis d'industriels consciencieux qui veulent bien embrasser l'ensemble du système et en déduire toutes les conséquences, j'ajoute que la liberté illimitée du commerce qu'entraînerait l'affranchissement complet des droits de consommation et des autres contributions indirectes, l'aisance qui en résulterait dans la classe la plus nombreuse des citoyens prolétaires et travailleurs, la concurrence loyale, à ciel ouvert, qui multiplierait les transactions et abaisserait le prix de toutes choses, seraient, pour l'industrie, une source nouvelle de prospérité largement compensatrice des charges de l'impôt.

Je pose un dernier exemple qui a trait à une exploitation de chemin de fer. Il s'agit du chemin de fer de St-Quentin à Guise.

Je prends des chiffres authentiques publiés dans le *Journal de Saint-Quentin* du 10 mai 1877, par les soins de l'administration de cette voie ferrée.

Les recettes brutes se sont élevées, pʳ 1876, à   509.544 89
dont il faut distraire le montant de l'impôt sur
les voyageurs, la grande et la petite vitesse, les
timbres des lettres de voitures, etc. 61.897 37

Reste. 446.647 52

À déduire les dépenses d'exploitation . . .   273,565 94

Produit net. 173,081 58

Report.	173,081 58

Cette dernière somme décomposée selon
l'emploi réglé par les statuts de la Compagnie
donne à déduire, pour l'intérêt des obligations. 74.889 26

Ce qui laisse pour bénéfice net. 98.192 32

RÉPARTITION

5 % pour fonds de réserve . . 4.909 60
3 % pour fonds d'amortissement 2.945 75
5 % pour intérêts et dividendes 75.000 »   } 98.192 32
 (au capital actions de 1,500,000 fr.)
Réserve disponible. 15.336 97

J'applique l'Unitaxe au décompte ci-dessus.

Je ne me préoccupe d'abord que du capital-actions,
soit. 1.500 000

Duquel il fout déduire la valeur du matériel.
Je prends, pour cela, un chiffre approximatif
qui n'est pas en discussion. On verra que,
même en frappant le capital-actions de la taxe
supérieure (1 %), sans aucune défalcation,
l'avantage, au point de vue fiscal, serait encore
énorme pour la Compagnie, soit une valeur
pour le matériel de 500.000

Reste. 1.000 000

DÉCOMPTE DU DROIT

Valeur fiduciaire à 1 %. 10,000
 (sur 1 million)
Valeur matériel à 50 c. % 2.500
 (sur 500,000)
Recettes brutes 507.545 fr. à 30 c. %. . . , 1.500

Total. 14.030

14.030 fr. au lieu de 62.897 fr. 37.

Je disais que si le capital actions était frappé exclusivement de la taxe *maxima* sans déduction de la valeur du matériel, nous serions bien loin encore de la somme d'impôt dont l'exploitation est aujourd'hui chargée, en effet :

1,500,000 fr. à 1 % donneraient . . . . . 15.000 f

De plus, pour les recettes brutes 1.530

Total. 16,530

Ou un *boni* dans la 1re hypothèse de 48,867 fr. 37, et dans la 2me de 46,367 fr. 37.

Il est facile de voir par là, sans parler de l'extrême simplification des calculs, quels seraient les résultats avantageux qui découleraient de notre système, pour le public d'abord et pour le commerce qui seraient fondés à exiger l'abaissement du prix des places et des transperts de marchandises de toutes espèces. De leur côté, les actionnaires auraient toute chance de voir grossir leurs dividendes par suite de l'allégement apporté aux charges de l'exploitation.

Notez que nulle ingérence, nulle atteinte aux statuts n'est à redouter, que rien n'est modifié dans les comptes de l'entreprise et qu'elle resterait complètement libre dans sa gestion.

Ce travail était terminé lorsque j'ai pu me procurer le livre de M. de Girardin : L'IMPOT, exposé complet du système de la taxe unique à laquelle l'éminent publiciste donne la dénomination de *l'impôt-assurance*, ouvrage précieux, devenu rare et qu'on ne saurait trop rééditer.

J'y vois la confirmation de l'idée que j'ai émise, idée préconisée depuis Vauban jusqu'à nos jours par les économistes les plus sérieux.

Que d'arguments saisissants ne trouve-t-on pas dans ce beau livre qui restera comme un recueil de documents des plus utiles que puissent méditer nos hommes d'Etat.

Il n'est pas d'objections qu'il n'ait provoquées et réfutées victorieusement. Je n'en citerai qu'une qui se rattache à la première partie du système de l'unitaxe.

OBJECTION

« N... a 2 millions de fortune : voici son inventaire :

» Une terre de 800,000 fr. rapportant à 3 p. % 24,000!

» Une inscription de rente de 800,000 fr. achetée au pair 40,000

» Tableaux et objets d'art valant 300,000 fr. »

» Mobilier valant 100,000 fr. . . . . . . »

» Valeur 2 millions, revenu . . . 64,000

» N... pour 2 millions de capital ne lui produisant que
» 64,000 fr. de rente, payera donc l'impôt-assurance de
» 10,000 fr. à 1/2 p. % (chiffre adopté par M. de Girardin)
» ce qui réduira son revenu à » 54,000 fr. Il payera donc
» 1,500 fr. par an pour sa galerie de tableaux pour lesquels
» il ne paye absolument rien aujourd'hui ?

RÉPONSE

» En quoi donc est-ce exagéré et n'est-ce pas juste ? si
» N... ne trouve pas son revenu suffisant ainsi réduit, eh
» bien, ne serait-il pas libre de donner un autre emploi
» à son capital ? S'il ne se trouve pas assez riche pour
» payer 1,500 fr. par an la satisfaction d'un goût ou la
» conservation d'un luxe, il en sera quitte pour vendre
» tout ou partie de sa galerie de tableaux, pour avoir un
» mobilier moins somptueux, conséquemment moins dispendieux.

» Mais, reprend-on : *Vous portez ainsi aux arts et
aux industries de luxe un coup mortel, car personne ne
» sera plus assez riche pour mettre 100,000 fr. à un mobilier !*

» Oui, c'est vrai, réplique M. de Girardin, il y aura peut-
» être moins de mobilier d'une valeur de 100,000 fr. et
» moins de galeries d'une valeur de 300,000 fr., mais comme

» le nombre des travailleurs qui s'enrichiront, grâce à
» l'abondance des capitaux, et l'abaissement de l'intérêt, à
» l'accroissement de la consommation générale, à l'aug-
» mentation du bien-être populaire, tendra constamment à
» se multiplier; il y aura dix fois, vingt fois plus de galeries
» d'une valeur de 30,000 fr. et cent fois plus de mobilier
» d'une valeur de 10,000 fr.... car on ne saurait trop le
» répéter : dès que le Capital contraint par la nécessité de
» courir après le revenu, mettra plus d'empressement à
» associer sa puissance à celle du travail, du talent, de l'in-
» telligence, les objets d'art et de luxe se trouveront peut-
» être plus rarement accumulés, mais, certes, ils se rencon-
» treront plus fréquemment. »

Je tiens, au sujet de l'exemple cité par M. de Girardin, à
ajouter une observation qui entre essentiellement dans ma
discussion, et je dis, en frappant de l'Unitaxe la fortune de
2 millions spécifiée ci-dessus :

La valeur de la terre (800,000 à 50 %) produirait   4,000
La rente (800,000fr. à 50 c. %) 4,000
Les objets d'art (300,000 fr. à 50 c. %) 1,500
Mobilier (100,000 fr. à 50 c. %)   500

               Total. 10,000

Or, j'ai établi précédemment que la somme des impôts
multiples qui pèsent aujourd'hui sur le contribuable dépasse
de beaucoup celle qu'exigerait l'application de l'Unitaxe.

Dans l'objection émise par M. de Girardin, il est sous-
entendu que le revenu de 64,000 fr. pour une fortune de
2 millions est un revenu brut et que l'on n'a pas mis en
ligne de compte les sommes affectées au paiement de l'impôt,
lesquelles viennent amoindrir d'autant le revenu.

Il se trouve, sans l'avoir cherché, que le mode de la taxe
unique que j'adopte donne, en prenant une base différente,
le même chiffre d'imposition que l'impôt assurance.

Je n'ai aucune conséquence à tirer de cette similitude de

résultat, les deux systèmes n'étant pas en comparaison, mais je répéterai ce que j'ai dit dans l'exposé des calculs proportionnels qui précèdent : quel est le redevoble, en possession de deux millions de fortune, qui paie, sous le régime fiscal dont nous jouissons, moins de 10,000 francs d'impôt ?

Si nous nous laissions aller au désir de citation qu'éveille la lecture du livre de M. de Girardin, nous dépasserions de beaucoup les limites que nous avons voulu assigner à cet opuscule.

Le point de départ de l'impôt-assurance est le même que le nôtre, nous ne différons que sur l'assiette de l'impôt, notamment en ce qui touche le chiffre d'affaires que l'auteur a écarté sciemment, sans doute, et sur le mode d'assurance.

Le but de M. de Girardin a été de rattacher son système à un ensemble de réformes financières, conséquence du réseau d'assurance qu'il approprie à l'Etat. Cette idée grandiose a pu arrêter le législateur toujours hésitant sur le terrain du fisc.

L'impôt pratique, l'impôt réalisable de suite, sans perturbation, sur les bases les plus sérieuses, nous l'avons dit, tel a été notre but, tel est celui que l'Etat pourrait atteindre par l'*unitaxe* en conservant, par une sage économie, les cadres des administrations financières qui ne seraient plus une charge pour le trésor et les taxes se rattachant à des conventions internationales.

PROJET DE LOI

TITRE Ier

Transformation de l'impôt.

DISPOSITIONS GÉNÉRALES

Art. 1er. Sont supprimés les droits et impôts désignés ci-après :

§ 1er. *Enregistrement.* Les droits de succession, de mutation, de transmission, d'adjudication, de donation, de liquidation, de collocation ; les droits sur les baux, sur les valeurs mobilières, etc.

§ 2. *Contributions directes.* L'impôt foncier, l'impôt mobilier, les portes et fenêtres, les patentes, l'impôt sur les cercles, les chevaux, les voitures, les billards.

§ 3. *Contributions indirectes.* Les droits de circulation sur les vins, cidres, poirés et hydromels ; le droit de 40 centimes par expédition ; les droits de licence et de détail comprenant l'exercice des débits de boissons ; les droits de consommation sur les spiritueux ; les droits d'entrée et de taxe unique ; l'impôt sur les sels, les sucres, les bières, les huiles, les vinaigres, les bougies, les savons, la chicorée, le papier, les allumettes ; les droits sur les voitures publiques, les chemins de fer, y compris l'impôt de 5 p. % sur la petite vitesse, et le droit de navigation.

Ces impôts sont remplacés par un impôt unique dit l'**Unitaxe**.

Art. 2. Les droits d'enregistrement sont réduits à un simple droit de transcription exclusivement rémunérateur des frais de Régie.

Ils ne seront plus considérés que comme une garantie

légale, établissant l'authenticité des actes passés devant les officiers publics.

L'Administration continuera à encaisser les produits des Forêts et des Domaines.

Les agents des recettes jouiront d'un traitement fixe équivalant à la moyenne des remises qu'ils touchent aujourd'hui.

Art. 3. Rien n'est changé en ce qui concerne les hypothèques, si ce n'est dans le tarif des inscriptions.

Art. 4. Tout créancier hypothécaire est passible de l'impôt sur les biens grévés à son profit.

Art. 5. Les créances chirographaires ne peuvent être recherchées au point de vue de l'impôt.

Art. 6. Le timbre des actes désignés à l'art. 2 de la présente loi est conservé.

Il sera apposé sur un papier d'un prix unique et d'un format uniforme.

Art. 7. Les effets de commerce, les journaux de toutes sortes, les productions périodiques, les affiches, etc., sont affranchis de la formalité du timbre.

Art. 8. La taxe des lettres, à l'exception de celles contenant des valeurs déclarées, la taxe des télégrammes sont réduites au plus bas chiffre calculé de manière à couvrir seulement les frais d'administration, de personnel et d'exploitation dont le Trésor se trouve dégagé.

Art. 9. Des réglements administratifs fixeront les divers tarifs applicables aux droits d'inscription, de transcription, au timbre et aux taxes visées à l'article qui précède.

Art. 10. Tous les cadres des personnels administratifs restent provisoirement constitués.

Art. 11. Le monopole des tabacs est maintenu.

Art. 12. Aucune modification n'est apportée aux Administrations des Ponts-et-Chaussées et des Forêts.

Art. 13. Rien n'est changé au régime des Douanes. (1)

_____

(1) La question du dégrèvement des droits de douanes sur les sucres et les sels, pour les produits coloniaux et étrangers, est réservée.

Art. 14. L'Administration des Contributions indirectes reste chargée du service des tabacs, des poudres, des cartes à jouer, de la garantie des matières d'or et d'argent; de la recette des frais de casernement; des produits concernant les bacs et passages d'eau, la pêche, les francs-bords, etc.

Art. 15. Les patentes sont obligatoires pour les commerçants et industriels et généralement pour toutes les classes de contribuables patentés jusqu'à ce jour.

Art. 16. Elles feront l'objet, au siége du Receveur fiscal, d'une déclaration qui sera consignée sur un registre à souche revêtu du timbre. Ampliation en sera remise au déclarant. Le coût seul du timbre est exigible.

Art. 17. Toutes les catégories de patentables sont et demeurent supprimées en tant qu'application des tarifs différentiels.

Art. 18. La cote personnelle est maintenue. Elle pourra varier suivant les besoins du fisc et les charges des communes, lesquelles devront être autorisées à en modifier le chiffre par le ministre compétent.

Art. 19. Les centimes additionnels pris sur les fonds des impositions pour les *Dépenses générales* applicables au budget de l'Etat, sont supprimés.

Les centimes additionnels continueront à être prélevés et répartis pour les *Dépenses spéciales*, en ce qui concerne les départements et les communes, sur les diverses branches de l'impôt.

TITRE II

L'Unitaxe

Art. 20. L'Unitaxe est basée sur le Capital et sur les éléments constitutifs des bénéfices et du revenu.

Art. 21. Elle se subdivise en trois parties à chacune desquelles s'applique un tarif distinct.

§ Art. 1er. Pour les valeurs fiduciaires, les charges vénales,

les honoraires, traitements et salaires, les titres de caution-
nement, etc. . . . .   1 p. %

§ Art. 2. Pour le Capital des rentes sur l'Etat,
la propriété foncière, la propriété bâtie, le
matériel industriel , le mobilier, les objets
d'art, etc. . . . .   1/2 p. %

§ Art. 3. Pour les éléments constitutifs des
bénéfices et du revenu représentés par le chiffre
d'affaires ou les recettes brutes. . . . . .   30ᶜ p. %

CHAPITRE Iᵉʳ. — 1ʳᵉ PARTIE

Impôt de 1 %

Art. 22. Toutes les valeurs fiduciaires, cotées ou non
cotées, le Capital social des Sociétés en nom collectif, les
actions et obligations des Sociétés en commandite ou ano-
nymes, à l'exception de celles représentant la valeur des
immeubles et du matériel d'exploitation, sont imposables.

Art. 23. Les actions étrangères, les titres de toutes espèces
dont les intérêts, arrérages ou dividendes ne sont pas payés
en France, doivent être déclarées.

Art. 24. L'impôt sur les valeurs françaises sera perçu au
siège des Sociétés financières et industrielles.

Art. 25. Les charges vénales, les cautionnements dont les
intérêts seront portés au taux légal, les titres de dépôt,
d'épargne, de retraite, de pension formant un capital acquis,
doivent être frappés de la taxe en prenant pour base le
montant des titres et la valeur des charges et offices sur la
déclaration de l'imposable.

Art. 26. Il en sera de même pour les appointements des
employés, les honoraires des avoués, des avocats, des
notaires, des greffiers, huissiers, etc.; pour le traitement
des magistrats, des officiers de l'armée, du clergé; pour les
entrepreneurs à quelques travaux qu'ils se livrent et, géné-

ralement, pour tous les citoyens qui exercent une fonction rétribuée ou une profession libérale : artistes, littérateurs des deux sexes, artisan'à quelque titre que ce soit, rétirant profit de ses œuvres.

Art. 27. Les salaires des ouvriers, des agents à gage, à l'année, au mois où à la journée, sübiront une retenue représentant l'impôt (1 p. °/₀), laquelle retenue sera faite par les soins des maîtres et patrons qui les'emploient.

Ces derniers, aux époques des déclarations, deviendront comptables de cette part du fisc.

Art. 28. Il sera fait, sur les appointements et les salaires, la défalcation des sommes retenües pour les caisses de retraite, de secours, de prévoyance, les amendes, etc.

CHAPITRE II. — 2ᵉ PARTIE

Impôt de 1/2 p. °/₀

Art. 29. Le capital des rentes sur l'Etat sera calculé au cours moyen de l'année qui précédera la déclaration; la propriété foncière, la propriété bâtie, le matériel des maisons de commerce, des établissements industriels et financiers; le mobilier des particuliers, les œuvres d'art, les fonds et objets d'exploitation de toute nature continueront à être recensés et estimés par les contrôleurs des contributions directes assistés, en cas de contestation, par des experts jurés.

Ces valeurs seront frappées de la taxe de 0,50 c. p. °/₀, de même que la part du capital social si les Sociétés ne sont pas constituées par actions, et les actions et les obligations des Sociétés industrielles et financières représentant la valeur des immeubles et du matériel exploités Les rôles seront établis par ladite administration et mis en recouvrement par les receveurs-percepteurs.

Art. 30. Le concours des autorités municipales, des conseils de répartition, des receveurs d'enregistrement, des notaires, des agents d'affaires, des arpenteurs-géomètres et des Compagnies d'assurances est obligatoire, sur la réquisition des contrôleurs préposés aux recensements, pour toutes espèces de renseignements pouvant servir à l'assiette de l'impôt.

CHAPITRE III. — 3e PARTIE

Impôt de 0,30 c. p. %

Art. 31. Tout patenté exerçant une industrie, un commerce lucratif, sera tenu de déclarer, dans le courant du 1er trimestre de chaque année, le chiffre total des affaires qu'il aura réalisé pendant l'année précédente.

Art. 32. La recherche du passif est interdite, si ce n'est en cas de faillite déclarée.

Art. 33. L'impôt porte sur le chiffre brut des affaires, sans déduction des frais et dépenses se rattachant aux établissements et Sociétés imposés.

Art. 34. Les profits et bénéfices, comme les pertes et les non-valeurs, restent le secret des intéressés.

Art. 35. L'impôt sur le chiffre d'affaires n'exclut pas les taxes qui atteignent les valeurs fiduciaires et les propriétés de toute nature.

Art. 36. Dans les Sociétés financières, la Bourse, la Banque de France et les Banques particulières, le chiffre d'affaires comprend sans déduction d'aucuns frais, tout ce qui est roulement de fonds et objet de spéculation : dépôt, change, escompte, commission, en un mot, ce qui procure un profit quelconque.

Art. 37. Pour les chemins de fer, c'est le produit brut des recettes qui est imposé sans défalcation des frais d'exploitation, de personnel, d'administration, etc.

Il en est de même pour les journaux de toutes sortes : politiques, littéraires, économiques, religieux, scientifiques, l'impôt porte sur la recette brute, y compris celle des annonces et insertions, et les subventions, le cas échéant, sans aucune déduction ; ainsi que pour les entreprises de théâtres, de concert, de bal, etc.

TITRE III. . *Pénalité.*

Art. 38. Toute déclaration, à quelque branche de l'impôt qu'elle se rattache, sera reçue du 1er janvier au 31 mars de chaque année, chez le percepteur.

Art. 39. Elle pourra être faite verbalement ou sous pli cacheté.

Art. 40. Elle doit être rigoureusement exacte.

Art. 41. Les art. 8 et suivants, 586 et 591 du Code de commerce et 402 du Code pénal, relatifs à la tenue des livres de compte, sont rendus applicables à toutes espèces d'imposés assujettis à la déclaration, qu'ils exercent une industrie, un métier, une profession quelconque.

Art. 42. L'obligation de la déclaration et de la tenue des livres de commerce, aussi bien que de celle des livres de tout patenté et imposable, en ce qui concerne les éléments de la taxe, est de rigueur et sans exception.

Art. 43. Les livres doivent être tenus à jour et représentés, en cas de soupçon de fraude, à toute réquisition des contrôleurs et inspecteurs commissionnés et spécialement délégués par arrêté ministériel.

Atr. 44. Toute contravention aux articles qui précèdent sera punie d'une amende de 100 fr. à .... fr. sans préjudice des peines appliquées par l'art. 405 du Code pénal.

Saint-Quentin. — Imprimerie Ch. POETTE, rue Croix-Belle-Porte, 19.

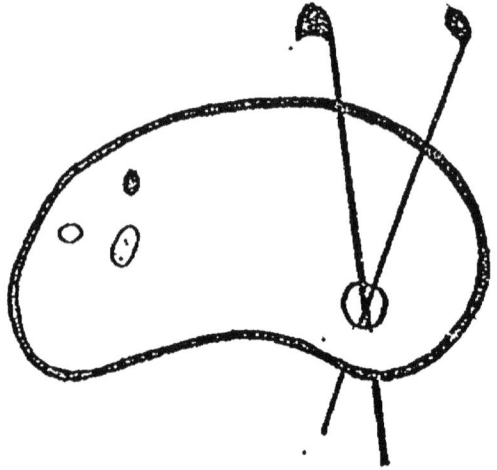

ORIGINAL EN COULEUR
NF Z 43-120-8